BEI GRIN MACHT SICH IH.
WISSEN BEZAHLT

- Wir veröffentlichen Ihre Hausarbeit,
  Bachelor- und Masterarbeit

- Ihr eigenes eBook und Buch -
  weltweit in allen wichtigen Shops

- Verdienen Sie an jedem Verkauf

Jetzt bei www.GRIN.com hochladen
und kostenlos publizieren

Jörg Lonthoff

Sicherheit auf IP-Ebene

GRIN Verlag

Bibliografische Information der Deutschen Nationalbibliothek:

Die Deutsche Bibliothek verzeichnet diese Publikation in der Deutschen National-
bibliografie; detaillierte bibliografische Daten sind im Internet über http://dnb.d-
nb.de/ abrufbar.

Impressum:

Copyright © 2002 GRIN Verlag GmbH
Druck und Bindung: Books on Demand GmbH, Norderstedt Germany
ISBN: 978-3-638-64052-7

Dieses Buch bei GRIN:

http://www.grin.com/de/e-book/8513/sicherheit-auf-ip-ebene

GRIN - Your knowledge has value

Der GRIN Verlag publiziert seit 1998 wissenschaftliche Arbeiten von Studenten, Hochschullehrern und anderen Akademikern als eBook und gedrucktes Buch. Die Verlagswebsite www.grin.com ist die ideale Plattform zur Veröffentlichung von Hausarbeiten, Abschlussarbeiten, wissenschaftlichen Aufsätzen, Dissertationen und Fachbüchern.

Besuchen Sie uns im Internet:

http://www.grin.com/

http://www.facebook.com/grincom

http://www.twitter.com/grin_com

Technische Universität Darmstadt

Fachbereich Informatik

Information technology Transfer Office (ITO)

Informatik-Seminar im WS 2001/02:

„Wireless Security"

Thema 5:

Sicherheit auf IP-Ebene

vorgelegt von:

Jörg Lonthoff

Darmstadt, den 22.02.2002

Abstract

This paper is about security on IP layer (network layer). Using the internet may be very easy but there are many security risks. To prevent that someone get your secret data or manipulate your data, you have to take care about your network traffic. With IPSec you have on network layer the possibility to hide your data traffic by tunnelling the IP packets. This technique encapsulate data packets into new IP packets. On the other side you have the possibility to transport the data traffic which means that the IP packet will be encrypted. The IP header itself will not be encrypted. So the network traffic may be visible, but the content of the IP packets are readable only by the artificial recipient. There are additional protocols for security on network layer.

Applications for security are VPNs and firewalls. A VPN allows a secure connection over an insecure connection by using IPSec. A firewall is used as a security wall between network components. You can use a firewall as a simple packet filter to prohibit the use of some services, or you can use it as a proxy to cut your direct access to an internet host on your computer. Very complex dynamical configurations of firewalls are possible in the mean time.

In summary you have to be careful by using the internet. On network layer, IPSec is the choice to fulfil strong security needs. But security does not end at network layer. You must think about activities on application layer to protect the user-to-user connection.

Inhaltsverzeichnis

Abbildungsverzeichnis

1. Einleitung

Die Benutzung des Internet ist heute fast schon so selbstverständlich geworden, wie das Telefonieren oder das Benutzen eines Toasters. Doch diese Selbstverständlichkeit birgt auch Gefahren. So ist sich nicht jeder Internetanwender bewusst, dass er seinen Datenverkehr mitunter einer breiten Öffentlichkeit preisgibt. Das schafft Spielraum für die verschiedensten Angriffsoptionen. Vom gerade noch harmlosen Lauschen bis hin zur gezielten, versteckten Manipulation der Daten. Diese Seminararbeit hat zum Ziel, dass sich ein Internetanwender dieser Gefahren bewusst wird und es soll ihm eine Möglichkeit gegeben werden, aus den erkannten Gefahren in Verbindung mit Sicherheitszielen Sicherheitsstrategien abzuleiten, die seine individuelle Anwendung sicher macht.

In vorliegender Seminararbeit wird auf das Thema Sicherheit auf IP-Ebene eingegangen. In einem einführenden Kapitel werden die Begriffe Sicherheit und IP-Ebene definiert. Im nächsten Kapitel wird auf Sicherheitsziele eingegangen und aus den daraus gewonnenen Erkenntnissen Sicherheitsstrategien abgeleitet.

Im Hauptteil wird auf realisierte Sicherheitsprotokolle auf IP-Ebene eingegangen, insbesondere auf IPSec. Abschließend werden übersichtsartig Sicherheitsanwendungen behandelt.

2. Konzeptionelle und begriffliche Grundlagen

2.1 Sicherheit

Der Sicherheitsbegriff im IT-Umfeld umfaßt zwei abgrenzbare Anwendungsgebiete, die im Englischen mit Safety und Security bezeichnet werden.

Safety

Wenn von Safety die Rede ist, wird von dem Versuch gesprochen, die Auswirkungen unbeabsichtigter Ereignisse (Arbeitsumgebung), die zu einem Ausfall oder Beschädigung von Rechnern, gespeicherten oder übertragenen Daten und Kommunikationsbeziehungen führen, zu vermindern.

Security

Mit Security werden Maßnahmen bezeichnet, die beabsichtigte Angriffe auf Rechner, gespeicherte und übertragene Daten sowie Kommunikationsbeziehungen verhindern. Typische Teilgebiete der IT-Security sind: Datenschutz (besonderer Schutz personenbezogener Daten), Informationsschutz und Datensicherheit [Dittma00, F. 15ff].

In vorliegender Seminararbeit soll nur auf den Sicherheitsbegriff im Sinne von Security eingegangen werden.

2.2 IP-Ebene

Die IP-Ebene entspricht der Vermittlungsschicht (Network Layer) des ISO-OSI Referenzmodells bzw. des Internet Layers des TCP/IP-Referenzmodells.

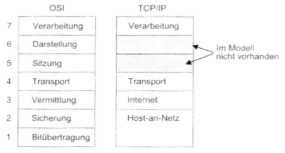

Abbildung 2-1: ISO-OSI Referenzmodell im Vergleich zum TCP/IP-Referenzmodell [Tanenb98, S. 54]

Das Schichtenmodell ist so spezifiziert, dass eine Schicht der nächsthöheren Schicht Dienste zur Verfügung stellt. Jeweils gleiche Schichten verstehen die gleichen Protokolle.

Die Vermittlungsschicht realisiert den Zugriff auf Subnetze und die Zusammenführung von Subnetzen, leitet durchlaufende Pakete weiter und ist für die Wegewahl verantwortlich [FiReRö00, S. 51]. Somit ist diese Schicht dafür verantwortlich, dass Datenpakete von einer Quelle zu einem Ziel gelangen, dies geschieht meist in vielen Teilwegen. Es kommen Wege zwischen zwei Datenendgeräten (z. B. Computer), einem Datenendgerät und einem Router oder zwischen zwei Routern in betracht. Für diese Wegewahl erhält jedes IP-Paket einen IP-Header, der die Quell- und Zieladresse und weitere Felder beinhaltet. Anhand dieses IP-Headers findet ein solches IP-Paket seinen Weg durch das Netzwerk [NoNo01, S49f].

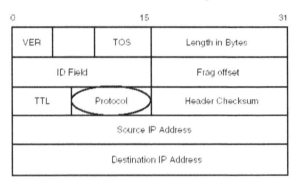

Abbildung 2-2: IP-Header ohne optionale Felder, 20 Byte [NoNo01, S. 55]

3. Sicherheitsstrategien

Sicherheitsstrategien haben sich an den jeweiligen Sicherheitszielen unter Berücksichtigung von Sicherheitsaspekten zu orientieren. Das Sicherstellen der Integrität nutzt nichts, wenn Vertraulichkeit das Ziel ist, da Integrität beispielsweise mittels angehängter Prüfsumme sichergestellt werden kann, wobei die relevanten Daten im Klartext vorhanden bleiben und somit für einen potentiellen Angreifer lesbar sind.

3.1 Sicherheitsziele

Folgende Klassifikation von Sicherheitszielen ist hilfreich und sinnvoll:

- **Zugriffsschutz**
  Hierbei handelt es sich um die Kontrolle des Systemzugangs und der Zugriffsbeschränkungen auf Systemfunktionen und Datenbestände, dazu muss jede Einheit, die versucht Zugriff zu erlangen, zunächst identifiziert oder authentifiziert werden, so dass die Zugriffsrechte auf den Einzelnen zugeschnitten werden können.

- **Authentizität**
  Authentizität bringt den Nachweis der Identität des Urhebers/Absenders und der Echtheit des Datenmaterials. Authentikation ist die Verifizierung der Echtheit.

- **Vertraulichkeit**
  Unter Vertraulichkeit versteht man den Schutz der übertragenen Daten derart, dass kein unberechtigter Dritter die Daten abhören bzw. analysieren kann.

- **Integrität**
  Mittels Integrität wird der Nachweis gebracht, dass die übertragenen Daten unverändert vorliegen.

- **Nachweisbarkeit/Verbindlichkeit**
  Prüfung der Authentizität und Integrität der Daten auch von berechtigten Dritten, so dass die Verbindlichkeit der Kommunikation gewährleistet wird. Dies ist zum Beispiel notwendig bei Vertragsabschlüssen.

- **Verfügbarkeit**
  Einige Angriffstypen können zu einem Verlust oder zu einer Einschränkung der Dienst- oder Systemverfügbarkeit führen. Die Verfügbarkeit ist somit die Forderung nach der Zuverlässigkeit (Reliability) des Systems.

Die aufgezeigten Ziele sind nicht ausschließlich einzeln anzustreben, eine Kombination von Sicherheitszielen ist durchaus denkbar und praktikabel [Stalli00, S. 25ff].

3.2 Sicherheitsaspekte

Um die einzelnen Sicherheitsziele gewährleisten zu können, muss man wissen, welche Ursachen der Datenänderung (Fehlerquellen) vorkommen können und mit welchen Angriffstypen zu rechnen ist.

Als Fehlerquellen kommen in betracht (unvollständige Aufzählung):

• Menschliche Fehlhandlungen	• Höhere Gewalt
- Konfigurationsfehler	• Organisatorische Mängel
(Passwortwahl)	• Technisches Versagen
- Implementierungsfehler	• Vorsätzliche Handlungen
- Designfehler im	- Unterbrechen
Kommunikationsprotokoll	- Einschleusen
- Designfehler in der	- Modifizieren
Dienstspezifikation	- Erzeugen
- Designfehler in der Anwendung	- Abfangen
- Fehlverhalten der Benutzer	

Diese Angriffe können noch einmal unterschieden werden in passive und aktive Angriffe. Bei einem passiven Angriff, schleust sich ein Angreifer heimlich in den Datenverkehr ein, mit dem Ziel Nachrichteninhalte abzufragen oder den Datenverkehr zu analysieren, um Erkenntnisse zu sammeln, wer mit wem, wann und wie häufig kommuniziert. Beim aktiven Angriff, kann der Angreifer die Datenübertragung unterbrechen, abfangen und modifizieren, beispielsweise durch anhängen eines Trojaners oder verseuchen mit Viren oder er erzeugt Nachrichten [Stalli00, S. 21ff].

Mit den jetzt erworbenen Erkenntnissen über die verschiedenen Einflussfaktoren der Datenänderung ist es möglich, ein Sicherheitsziel unter der Angabe von Gegenmaßnahmen zu gewährleisten. Auf der IP-Ebene existieren zwei Grundsatzverfahren, das Tunneln der Daten und das Transportieren der Daten. Diese beiden Methoden können auch kombiniert angewandt werden, was in der Praxis auch vorzufinden ist.

3.3 Daten Tunneln

Ein Tunnel bietet die Möglichkeit, den Datenverkehr vollständig abzusichern. Nach Anwendung kryptographischer Verfahren werden die originalen IP-Pakete als Nutzdaten anderer Protokolle verpackt und versendet. Somit wird das gesamte originale IP-Paket abgesichert, inklusive des originalen IP-Headers, der die Absender- und Empfängeradressen beinhaltet.

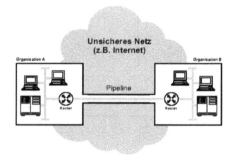

Abbildung 3-1: Daten Tunneln [CaPo01, S. 39]

Mit dieser Methode ist es möglich, Kommunikationsbeziehungen zwischen Datenendgeräten bzw. allgemein zwischen zwei Endpunkten eines Weges zu verbergen.

Der Nachteil dieses Verfahrens ist das zusätzliche Senden von Protokollheadern pro IP-Paket, das verpackt wird. Dies führt zu einem erhöhten Datenaufkommen [FiReRö00, S.146].

3.4 Daten Transportieren

Eine andere Möglichkeit der Sicherung der Kommunikation in der Vermittlungsschicht besteht darin, Sicherheitsfunktionen direkt auf die IP-Pakete anzuwenden, die verschickt werden sollen. Dabei werden die IP-Pakete regulär gebildet. Bevor sie den darunter liegenden Schichten übergeben werden, werden sie durch Anwendung kryptographischer Mechanismen abgesichert.

Um das Schutzziel Vertraulichkeit zu erreichen, muss der Inhalt eines Pakets verschlüsselt werden. Das gesamte IP-Paket jedoch kann nicht verschlüsselt werden, da sonst die Vermittlungsstellen die Zieladresse nicht lesen können und somit das Paket unzustellbar wäre. Der IP-Header muss also im Klartext belassen werden. Somit kann eine Kommunikationsbeziehung nicht geheim gehalten werden.

Zur Erreichung des Schutzziels Integrität muss der Empfänger feststellen, ob das IP-Paket bei der Übertragung verändert wurde. Für die Felder, die auf dem Transportweg durch die Netzkomponenten verändert werden müssen, ist diese Prüfung nicht möglich. Der Empfänger kann daher nicht prüfen, ob diese Header-Felder transportbedingt (erlaubt) verändert wurden, oder ob sie von einem Angreifer (unerlaubt) verändert wurden. Somit kann das Schutzziel Integrität mit der Methode „Daten Transportieren" nicht für alle Fälle sichergestellt werden [FiReRö00, S.146].

4.   Sicherheitsprotokolle

Das IP-Protokoll spezifiziert, dass ein IP-Paket aus einem mindestens 20 Byte langem (plus optionalem Feld mit 40 Byte) Header und einem Textteil (Nutzdaten) besteht. Im Standard-Header gibt es eine Prüfsumme, die lediglich primitiv erzeugt und verifiziert wird, so dass es ohne großen Aufwand möglich ist, ein modifiziertes IP-Paket mit modifizierter Prüfsumme zu versenden [Carlto02, S. 197]. In dem optionalem Headerteil gibt es eine Option Security. Mit dieser Option kann festgelegt werden, wie geheim ein IP-Paket ist. Theoretisch kann ein Router in einer militärischen Anwendung diese Option benutzen, um festzulegen, dass die Übertragung nicht durch bestimmte Länder stattfinden soll. In der Praxis wird dieses optionale Headerfeld von allen Routern ignoriert [Tanenb98, S.445].

Offensichtlich ist Bedarf an zusätzlichen Sicherheitsdiensten auf IP-Ebene vorhanden.

4.1   IPSec

Die Situation der zu sichernden Datenübertragung im Internet lässt sich vereinfacht so ausdrücken, dass der Datenverkehr zwischen zwei vertrauenswürdigen Rechnern über ein nicht vertrauenswürdiges Netz gesendet wird. Dazu bietet IPSec, das sind die IP Security Protocols, eine Reihe von Sicherheitsmechanismen für die Datenübertragung auf der Vermittlungsschicht. Seit Ende 1995 arbeitet die Working Group „IP Security" der IETF an dem offenen Standard dieser Protokollfamilie, die in verschiedenen Kategorien der Requests for Comments (RFC) beschrieben sind [FiReRö00, S. 150f]:

- *Generelle IPSec-RFC's*
  Diese definieren die eigentliche IPSec-Architektur, sowie das Umfeld und die Fehlerbehandlung.
  RFC 2401, 2411
- *Verschlüsselungs- und Authentifizierungs-Header*
  Diese enthält Standards zur Verschlüsselung und Authentifizierung der IP-Pakete.
  RFC 2402, 2406,
- *Schlüsselaustausch*
  Dort sind verschiedene Methoden zum Austausch der benötigten Schlüssel standardisiert.
  RFC 2407, 2408, 2409, 2412
- *Kryptographische Algorithmen*
  Dort sind die einzelnen Verschlüsselungsalgorithmen und deren Verwendung innerhalb des IPSec-Protokolls definiert.
  RFC 1828, 1829, 2085, 2104, 2403, 2404, 2405, 2410, 2451, 2857 [IETF02]

Die Entwicklung wurde insbesondere für IPv6 angestoßen, Implementierungen aber an das derzeit benutzte IPv4 angepasst.

4.1.1 IPSec-Sicherheitsdienste

IPSec ist zum Schutz des Datenverkehrs zwischen verschiedenen Rechnern (allgemein: Datenendgeräten) konzipiert. Dazu bietet IPSec Dienste für die in Abschnitt 3.1 beschriebenen Sicherheitsziele. Zur Realisierung dieser Dienste werden innerhalb von IPSec zwei verschiedene Protokolle, Authentication Header (AH) und Encapsulating Security Payload (ESP) verwendet [FiReRö00, S. 152]. Deren Header enthalten einen numerischen Wert namens security parameter index (SPI). Anhand dieser SPI wird festgestellt, welcher Chiffrierschlüssel und welches Verfahren verwendet werden muss. Ein Paket kann, abhängig vom jeweiligen Sicherheitsziel, einen oder beide Header enthalten. In der Praxis werden meist beide Header gleichzeitig verwendet [Smith98, S. 136ff].

IPSec kennt zwei Betriebsmodi, den Tunnel- und den Transportmodus. Beim Tunnelmodus befinden sich die Header zwischen dem neuen IP-Header, in das die Daten eingepackt werden und dem originalen IP-Header. In diesem Modus wird die IP-Schicht vollständig abgesichert. Im Transportmodus werden die Header zwischen dem originalen IP-Header und den IP-Nutzdaten eingefügt. Dieser Modus bietet hauptsächlich Schutz für darüber liegende Protokolle [FiReRö, S. 154].

4.1.2 IPSec-Grundlagen und Funktionsweisen

Um die Sicherheitsdienste zu realisieren, bietet IPSec eine komplexe Architektur an, zu der folgende Elemente gehören:

• Security Policy Database (SPD)
  In der SPD gibt der Benutzer an, ob IP-Pakete mittels IPSec gesichert werden sollen oder nicht. Falls eine IPSec-Sicherung durchgeführt werden soll, wird die zugehörige Security Association (SA) gebildet.

• Security Association (SA)
  Eine SA gibt an, welche Sicherheitsdienste auf das IP-Paket angewendet werden sollen, indem ein Security-Protokoll ausgewählt wird. Jede SA wird durch einen Security Parameter Index (SPI) identifiziert. Eine SA ist eine Einwegverbindung, die dem auf ihr laufenden Datenverkehr Sicherheitsdienste bereitstellt.

• Security Association Database (SAD)
  In der SAD werden die aktiven SAs gespeichert. Eine SA wird erzeugt, wenn für eine Verbindung erstmals ein IP-Paket mittels der SPD ausgewählt wird und noch keine zugehörige SA existiert. In der SAD werden zu jeder SA die Verarbeitungsinformationen für die Security-Protokolle angegeben.

• Security Protokolle AH und ESP
  Diese Protokolle beschreiben, wie die IP-Pakete gesichert übertragen werden. Sie erbringen die eigentlichen Sicherheitsdienste und verwenden dazu die Einträge aus der SAD.

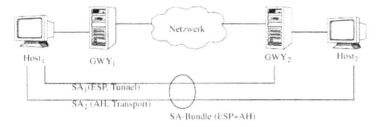

Abbildung 4-1: Szenario für ein SA-Bundle im Transport- bzw. Tunnelmodus [FiReRö00, S. 158]

Es können mehrere SAs auf dieselben Daten angewendet werden, um mehrere Sicherheitsdienste gleichzeitig zu erbringen. Die SAs werden dazu ineinander verschachtelt, man spricht von einem SA-Bundle [FiReRö00, S. 152ff].

4.1.3 IPSec-Authentifizierung

Der Authentication Header (AH) sorgt für eine Integritätsprüfung, so dass erkennbar ist, ob der Paketinhalt bei der Datenübertragung durch nicht vertrauenswürdige Netze verändert wurde oder nicht. Der AH enthält eine kryptographische Prüfsumme des Paketinhalts. Wird das Paket verändert, so stimmt die Prüfsumme nicht mehr überein. Diese Prüfsumme selbst wird mittels geheimer Schlüsseldaten geschützt, so dass Angreifer keine anderen Prüfsummen berechnen können, die dann als gültig verifiziert werden könnten. Die Daten des Pakets müssen dabei nicht geändert werden. Die Sicherheitsvorkehrungen befinden sich vollständig im AH.

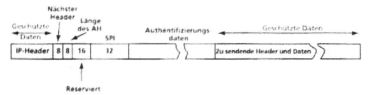

Abbildung 4-2: Format und Inhalt des AH von IPSec [Smith98, S. 146]

Der AH beginnt mit einem 64 Bit langen Header, der den nachfolgenden Header, die Länge des AH in 32-Bit-Worten und die Sicherheitsassoziation (SPI) zur Authentifizierung des Pakets bestimmt. Das Feld mit den Authentifizierungsdaten (Prüfsumme) enthält eine variable Anzahl von 32-Bit-Wörtern, normalerweise einen Hashwert mit Schlüssel, der über den geschützten Daten, das sind der IP-Header, die Header und Daten nach dem AH, berechnet wurde. Format und Inhalt der Prüfsumme hängen vom Authentifizierungsverfahren ab.

Dadurch, dass der IP-Header in die kryptographische Prüfsumme mit einbezogen wird, lassen sich anhand des AH Veränderungen in der Adressinformation erkennen. Um erlaubte Änderungen am IP-Header während der Datenübertragung mittels AH zu tolerieren, werden die üblichen veränderlichen Werte bei der Prüfsummenberechnung auf Initial (0) gesetzt. Der Zielrechner berechnet anhand des mit dem SPI assoziierten Schlüssels die kryptographische Prüfsumme über das IP-Paket. Stimmen berechnete und übertragene Prüfsumme überein, wird das IP-Paket als gültig angesehen und weiterverarbeitet. Andernfalls wird ein ungültiges IP-Paket ignoriert[Carlto02, S. 197ff].

4.1.4   IPSec-Verschlüsselung

Der Encapsulating Security Payload-Header (ESP) definiert einen neuen Header für IP-Pakete. Bei der ESP-Bearbeitung werden die geschützten Daten in eine unlesbare, verschlüsselte Form gebracht, so dass der Header bei der Übertragung nicht extrahiert werden kann. Das Format des ESP hängt von der Art und vom Modus der verwendeten Chiffrierung ab. Der Schlüssel für die Chiffrierung wird immer anhand des SPI ausgewählt.

Abbildung 4-3: Format und Inhalt des ESP von IPSec [Smith98, S. 148]

Der ESP-Header enthält lediglich ein 32-Bit langes Feld für den SPI, der für die Sicherheitsassoziationen des Zielrechners verantwortlich ist. Am Anfang der geschützten Daten wird ein Initialisierungsvektor (IV) gesendet, der üblicherweise für eine DES-Verschlüsselung benötigt wird.

Zur Erzeugung eines Pakets verschlüsselt der Rechner die Daten mit dem Verfahren und Schlüssel der Sicherheitsassoziation und trägt den SPI dann im ESP-Header ein. Die Authentifizierung wird über den verschlüsselten Paketinhalt berechnet.

Beim Empfang wird zuerst der AH verarbeitet, sofern vorhanden. Wenn die verschlüsselten Daten bei der Übertragung manipuliert wurden, wird dies bei der AH-Verarbeitung festgestellt, und das Paket wird vom Zielrechner ignoriert. Ist ein Paket als gültig erkannt, werden der Schlüssel und das kryptographische Verfahren, die mit dem ESP assoziiert sind, extrahiert und die Daten entschlüsselt [Smith98, S. 147ff].

IPSec-Verschlüsselung benutzt das DES-Verfahren, 3DES oder alternativ RC4. Darauf wird hier nicht näher eingegangen.

4.1.5   IPSec-Schlüsselverwaltung

Alle Protokolle, die von IPSec dazu verwendet werden, Sicherheitsdienste zu erbringen, basieren auf kryptographischen Verfahren. Diese Verfahren benötigen öffentliche und / oder private Schlüssel, um Daten zu verschlüsseln oder zu authentifizieren. Je nachdem, ob es sich um eine symmetrische oder asymmetrische Verschlüsselung handelt. Damit IPSec überhaupt Sicherheitsdienste bereitstellen kann, müssen Methoden bereitgestellt werden, die es ermöglichen, die benötigten Schlüssel auf sichere Art und Weise auf die entsprechenden Systeme (Endsysteme oder Sicherheits-Gateways) zu transportieren. Innerhalb des IPSec-

RFCs sind zwei Methoden angegeben, die jede IPSec-Implementierung mindestens unterstützen muss. Eine Methode ist die manuelle Verteilung der Sicherheitsassoziationen (Schlüssel und weitere Informationen). Da sich ein solches Verfahren nur in sehr begrenztem Umfang sinnvoll betreiben und verwalten lässt, sind ebenfalls automatische Verfahren zur Sicherheitsassoziationsverteilung vorgesehen. Somit muss jede IPSec-Implementierung das Internet Key Exchange (IKE) Verfahren unterstützen. Auf die Schlüsselverwaltung wird hier nicht näher eingegangen [FiReRö00, S. 168ff].

4.2 Weitere Sicherheitsprotokolle

Neben IPSec gibt es auch andere Sicherheitsprotokolle in der Vermittlungsschicht.

IP Security Option (IPSO)

Die IP Security Option besteht aus einer Reihe von Protokollen, die IP-Pakete mit sensitivity labels versieht. Diese Labels werden in Kombination mit speziellen, hochgradig vertrauenswürdigen Routern oder anderen Netzkomponenten verwendet, die verhindern, dass vertrauliche Daten zu nicht vertrauenswürdigen Standorten gelangen. Mit diesen Protokollen werden keine Informationen geschützt, da IPSO keinerlei kryptographische Sicherheitsmechanismen enthält. IPSO kennzeichnet IP-Pakete mit Marken, die verhindern sollen, dass vertrauenswürdige Daten nicht vertrauenswürdige Orte erreicht. Werden doch nicht vertrauenswürdige Orte erreicht, bietet IPSO keinen Schutz. Zu den IPSO-Protokollen zählen Commercial IPSO (CIPSO), Revised IPSO (RIPSO) und DNSIX, das in militärischen Anwendungen zum Einsatz kommt. IPSO ist somit nicht mit IPSec vergleichbar, da es für eine andere Aufgabe konzipiert wurde.

Secure Data Network System (SDNS)

Das SDNS besteht aus einer Protokollfamilie, die zum kryptographischen Schutz des Netzverkehrs in der Vermittlungsschicht das SP3 Protokoll und in der Transportschicht das SP4 Protokoll bereitstellt, welche nach den strengen Richtlinien des ISO-OSI-Referenzmodells konzipiert wurden. Hauptanliegen war die militärische Nutzung.

Das SP3-Protokoll bietet auf der Vermittlungsschicht Sicherheitsvorkehrungen, die denen der IPSec-Protokolle ähneln. Bestimmte Eigenschaften des ESP-Formats sind in SP3 vergleichbar, einen eigenen Authentication-Header gibt es jedoch nicht. Dieses Protokoll konnte sich nicht kommerziell durchsetzen.

Network Layer Security Protocol (NLSP)

NLSP ist eine Variante des SP3-Protokolls, das in die ISO-OSI-Protokollsuite aufgenommen wurde. Es hat sich nicht durchsetzen können, da dieses Protokoll den Entwicklern zu viele Optionen bot und es keine klar definierte Menge erforderlicher Dienste gab [Smith98, S. 152ff].

5 Anwendungen

5.1 VPN

Die grundsätzliche Idee von Virtual Private Networks (VPN) ist, die Vorteile einer offenen Kommunikationsinfrastruktur, z. B. das Internet, zu nutzen, ohne dabei die Sicherheitsinteressen zu vernachlässigen. Ein VPN soll gewährleisten, dass schutzwürdige Daten während der Übertragung über verschiedene, sicherheitstechnisch nicht einschätzbare Netzwerke (LANs und WANs, private und/oder öffentliche Netze) vertrauenswürdig übertragen werden, so dass nur die dazu Berechtigten auf die zu schützenden Daten zugreifen können. Der Einsatz eines VPNs trägt meist zu Kostensenkungen bei, da auf vorhandene Netze zurückgegriffen werden kann. Ein VPN wird häufig in Unternehmen angewandt, um Mitarbeitern den Zugriff auf die Unternehmensdaten von außen mittels gesicherter Verbindung über ein öffentliches Netz zu ermöglichen. [CaPo01, S. 37f]

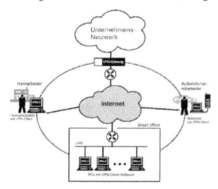

Abbildung 5-1; Anwendungsszenario - Remote-Ankoppelung mittels VPN [CaPo01, S. 46]

Auf IP-Ebene gibt es sogenannte IP-VPNs, die mit virtuellen IP-Verbindungen mittels IPSec-Tunnel arbeiten. Da ausschließlich auf der IP-Ebene gearbeitet wird, braucht man beim Aufbau eines VPNs die Netzwerkinfrastruktur, also Switches, Router, Hubs usw., nicht an die Gegebenheiten des geplanten virtuellen Netzwerks anzupassen Die Endpunkte dieser Verbindungen (Tunnel) können IP-Schnittstellen von Routern, VPN-Gateways oder VPN-Clientsysteme sein. Je nach gewünschter Konfiguration kann somit ein VPN-Betrieb ohne Mitwirkung eines Providers, als auch ein vollständiges Auslagern durch einen Internet Service Provider (ISP) erfolgen.

Die folgende Grafik verdeutlicht die verschiedenen Beteiligungsstufen von Kunden, Carriern und ISPs an dem IP-VPN-Dienst.

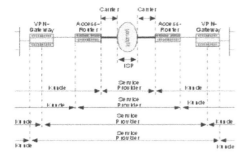

Abbildung 5-2: Die verschiedenen Stufen von IP-VPN-Diensten und der Grad der Beteiligung durch Kunde, Service Provider und Carrier [Lipp01, S.5]

Vollständiger Eigenbetrieb des VPN

Der Kunde betreibt seine Zugangs-Router und VPN-Gateways selbst und benötigt vom ISP lediglich einen Internetzugang. Das Rechtemanagement und die Systemkonfigurationen liegen im Verantwortungsbereich des Kunden.

Vorteil: Keine Bindung des Kunden an einen bestimmten Provider.

Nachteil: Hoher Aufwand, viel Know-How notwendig.

Zugangs-Router-Outsourcing

Der Kunde betreibt seine VPN-Gateways, die über ein LAN mit den Zugangs-Routern des ISP verbunden werden.

Vorteil: ISP nicht in VPN-Betrieb involviert, ISP ist zentraler Ansprechpartner.

VPN- und Zugangs-Outsourcing

Der ISP stellt alle zum VPN-Betrieb notwendigen Geräte und Dienste. Der Kunde ist für das VPN-Managment, also Konfiguration von Tunneln, Sicherheitseinstellungen, Rechten verantwortlich. Der ISP erledigt die Systemkonfiguration.

Vorteil: Kunde braucht nur ein Sicherheitskonzept, ISP realisiert das.

Nachteil: Starke Bindung an den ISP.

Vollständiges VPN-Outsourcing

Für den Kunden ist dies das einfachste Modell, da der vollständige Betrieb des VPN inklusive Benuzerverwaltung durch den ISP durchgeführt wird.

Vorteil: Kunde muß sich um nichts kümmern.

Nachteil: Starke Abhängigkeit vom ISP [Lipp01, S. 4f].

5.2 Firewall

Eine Firewall hat im Rahmen einer Sicherheitspolitik die Aufgabe, ein privates Netz vor unerlaubten Zugriffen aus einem externen Netz zu schützen, aber auch unerwünschte Zugriffe der Anwender innerhalb des privaten Netzes auf Dienste des externen Netzes zu unterbinden. Somit wird eine Firewall als Netzgrenze eingesetzt, um den Datenverkehr zwischen den angeschlossenen Netzen zu regulieren und zu überwachen.

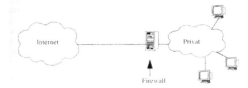

Abbildung 5-3: Firewall [FiReRö00, S. 209]

Folgende Methoden stellt eine Firewall bereit:

Paketfilter

Paketfilter verwenden sehr einfache, meist statische Verfahren zur Sicherung eines privaten Netzes. Ein IP-Filter untersucht die IP- und/oder TCP- bzw. UDP-Header eines Datenpakets und entscheidet anhand einer vom Systemverwalter angelegten Liste von Regeln, ob das betreffende Paket die Firewall, abhängig von der Richtung, passieren darf oder nicht. Ein Paketfilter benötigt den Zugriff auf die Header der innerhalb der IP-Pakete transportierten Protokolle der Schichten 3 und 4. Beim Einsatz von IPSec kann der Paketfilter die verschlüsselten Header der Transportschicht nicht überprüfen. Entweder es wird auf einen Teil der Sicherheitsfunktion verzichtet oder die Firewall wird an der Verschlüsselung mit einbezogen. Das Einbeziehen der Verschlüsselung bedeutet, dass die IP-Pakete in der Firewall empfangen, entschlüsselt, dann analysiert und gegebenenfalls wieder verschlüsselt und weitergeleitet werden. Diese Vorgehensweise widerspricht der Intention der Sicherheit auf IP-Ebene, da die Ende-zu-Ende-Verbindung nicht vertraulich ablaufen kann, wenn Kommunikationsteilnehmer auf dem Übertragungsweg die Daten einsehen können.

Stateful Filter

Stateful Filter sind die dynamische Erweiterung der Paketfilter. Diese führen eine protokollspezifische Analyse des Datenanteils eines TCP-Pakets durch. Gelingt es, die Daten zu interpretieren und die ausgehandelten Kommunikationsparameter zu bestimmrn, dann können dynamisch neue Regeln erzeugt werden. Zur Realisierung der dynamischen Filter ist eine genaue Kenntnis der Anwendungsprotokolle notwendig, die dynamische Komponente wird für jede Anwendung spezifisch im Code der Firewall implementiert. Der Stateful Filter benötigt für seinen Einsatz den Zugriff auf Informationen von der Vermittlungsschicht bis zur

Anwendungsschicht. Somit besteht das gleiche Problem beim Einsatz von IPSec, wie bei dem Paketfilter. Wird IPSec eingesetzt, kann ein Stateful Filter nur wie ein eingeschränkter Paketfilter arbeiten.

Es gibt auf IP-Ebene trotzdem eine Möglichkeit, IPSec und Firewalls einzusetzen. Dazu werden in die bestehende Firewall-Architektur ein IPSec-Security-Gateway integriert. Herkömmlicher Netzwerkverkehr wird durch die Firewall in gewohnter Art und Weise geschützt. IPSec verschlüsselte Daten werden vom IPSec-Security-Gateway innerhalb der Firewall bearbeitet[FiReRö00, S. 209ff].

6. Fazit

Wenn Daten bei der Übertragung zu schützen sind, wird schnell klar, dass mit allzu harmlosem Umgang der Kommunikationsmittel, kein Schutz erreicht werden kann. Die Integration der Sicherheitsdienste in der Vermittlungsschicht stellt den allgemeinsten und zugleich einfachsten Ansatz zur Absicherung der Kommunikation in IP-basierten Netzen dar. Es besteht zwar nicht mehr die Möglichkeit, andere Protokolle der Vermittlungsschicht (z. B. IPX oder Appletalk) über eine gemeinsame Schnittstelle abzusichern. Dafür sind Implementierungen der Vermittlungsschicht in IP-Netzen wesentlich flexibler als Implementierungen der Sicherungsschicht. Ziel der Integration von Sicherheitsdiensten innerhalb der Vermittlungsschicht ist es, mit möglichst wenigen Änderungen der Kommunikationssysteme umfassende Sicherheitsfunktionen für alle Kommunikationsverbindungen zu erhalten. So hat der Einsatz kryptographischer Verfahren in der Vermittlungsschicht den Vorteil, dass die Sicherheit unabhängig von den Internet Service Providern und den Anwendern gewährleistet ist. Alle Daten, die nicht zum Routing der Pakete erforderlich sind, werden verschlüsselt, somit bleibt der IP-Header im Klartext. Weder Anwendungen noch Vermittlungsgeräte müssen angepasst werden.

Neben dem Vorteil der höheren Sicherheit beinhalten diese Methoden auf IP-Ebene aber auch einige Einschränkungen und Nachteile. Beispielsweise können Firewalls verschlüsselte IP-Pakete nicht interpretieren. Um diese trotzdem einzusetzen, wird entweder auf einen Teil der Sicherheitsfunktionen verzichtet oder die Firewall aktiv in die Paketver- und entschlüsselung mit einbezogen. Ein weiterer Nachteil der Sicherheit auf IP-Ebene ist, dass nur die Ende-zu-Ende-Verbindung gesichert ist, nicht aber die Daten von Anwendung zu Anwendung bzw. von Benutzer zu Benutzer. Aber dafür gibt es Sicherheitsprotokolle und –mechanismen auf Anwendungsebene.

Glossar

3DES	Triple DES. Verbessertes dreistufiges DES-Verschlüsselungsverfahren. Gilt heute noch als sicher.
Chiffre	Chiffre bezeichnet einen verschlüsselten Text.
DES	Symmetrisches Verschlüsselungsverfahren, lange Zeit Standard in den USA. Ist nicht sicher bei Anwendung brutaler Rechengewalt.
Hashwert	Eine Hashfunktion liefert zu einer Eingabe einen kürzeren Hashwert, mit der Besonderheit, daß vom Hashwert nicht auf den ursprünglichen Wert geschlossen werden kann (Einwegfunktion).
IETF	Internet Engineering Task Force. Interessengemeinschaft, die sich mit Problemen von TCP/IP und dem Internet beschäftigt. Dabei entstehen Standards. Eine Übersicht über die Aufgaben des seit 1986 bestehenden Gremiums sind im RFC 1718 niedergeschrieben. IETF ist zur Zeit in neun Bereiche (1. Anwendungen (APP), 2. Internet-Dienste (INT), 3. IP:Nächste Generation IPNG, 4. Netzwerkmanagement (MNT), 5. Betrieb (OPS), 6. Routing (RTG), 7. Sicherheit, 8. Transportdienste (TSV), 9. Benutzerdienste (USV)) unterteilt, die wiederum aus Arbeitsgruppen bestehen.
Internet	Heterogenes IP-basiertes Informations- und Kommunikationsnetz.
Internet Service Provider	Diensteanbieter für Internet-Technologie. Unterschieden werden Zugangsanbieter (Access Provider), Inhaltsanbieter (Content Provider) und Speicheranbieter (Host Provider).
Gateway	Gateways sind mit Übersetzern vergleichbar. Sie ermöglichen das Zusammenschließen verschiedener Netzarten.
IPv4/IPv6	Internet Protokoll Version 4. bzw. 6. Das IPv4 ist der derzeitige Internetstandard. IPv6 wird auch als Next Generation Internet bezeichnet, es bietet vor allem einen größeren Adressraum, um mehr Applikationen und Geräte miteinander vernetzen zu können und einen kürzeren IP-Header.

ISO – OSI	International Standards Organization – Open Systems Interconnection, ein Modell zur internationalen Standardisierung von Protokollen im Kommunikationssystembereich, dass vom ISO (Gremium das Internationale Normen erstellt) vorgeschlagen wurde.
IT	Information Technology. Bezeichnet den Bereich der Informationstechnik.
Kryptographie	Die Kryptographie beschäftigt sich mit Verschlüsselungsverfahren. Solche Verfahren braucht man, wenn man Nachrichten oder gespeicherte Daten geheim halten will.
LAN	Local Area Network, privates Netz kurzer Reichweite (einige Kilometer) mit beschränkter Anzahl angeschlossener Teilnehmer.
Modem	Modulator-Demodulator. Breitbandübertragungsgerät im Telekommunikationsbereich, das einen Träger mit einem Vorwärtssignal moduliert und einen empfangenen Träger demoduliert, um das Signal zu extrahieren.
RC4	Das Verschlüsselungsverfahren RC4 wurde von RSA Data Security, Inc. entwickelt, wobei das Design des Algorithmus geheimgehalten wird. Der Algorithmus ist sehr schnell, seine Sicherheit jedoch noch weitgehend unbekannt. RC4 ist im Prinzip ein Pseudo-Zufallszahlengenerator, wobei die Zahlen mit den zu verschlüsselnden Daten durch XOR verknüpft werden. Aus diesem Grund, sollte nicht zweimal der gleiche Schlüssel für die gleichen Daten verwendet werden. RC4 wird in vielen kryptographischen Protokollen wie zum Beispiel SSL und WEP verwendet.
RFC	Request for comments sind Diskussionspapiere, in welchen technische Komponenten (die Architektur des Internets; die Spezifikationen von Protokollen...) diskutiert werden. RFCs sind mit Standards vergleichbar.
Router	Bezeichnung für einen Knoten oder Vermittler in einem verbindungslosen paketvermittelten Netz, z. B. einem IP-Netz. Router dienen als Verbindungspunkte zwischen LAN-Segmenten oder als Gateway zwischen LANs und WANs.
Routing	Wegeleitung auf Vermittlungsschicht für IP-Pakete.

Switch	Vermittler, ein System im Telekommunikationsbereich, durch das zwei oder mehr Leitungen angeschlossen werden, um den Empfang und die Neuübertragung von Informationen sicherzustellen. In Zusammenhang mit verbindungslosen paketvermittelten Netzten nennt man diese Geräte im allgemeinen Router.
TCP/IP	Transmission Control Protocol / Internet Protocol. Mit TCP/IP wird die Protokollfamilie bezeichnet, die den Transport von Datenpaketen zwischen zwei Datenendgeräten über das Internet ermöglicht.
UDP	User Datagram Protocol, unzuverlässiges verbindungsloses Protokoll der Transportschicht für Anwendungen, die anstelle der Abfolge oder Flusskontrolle von TCP diese Aufgabe selbst bereitstellen.
VPN	Virtual Private Network: Ein VPN bildet ein virtuelles Netzwerk für einen geschlossenen Benutzerkreis innerhalb eines nicht vertrauenswürdigen Netzes.
WAN	Wide Area Network, breitbandiges Weitverkehrsnetz zur Datenübertragung. WANs bilden meist Teilnetze über große Entfernungen.

Literaturverzeichnis

[Buchma01]   Buchmann, J.: Einführung in die Kryptographie., 2. Auflage, Berlin, 2001.

[CaPo01]   a Campo, M. und Pohlmann, N.: Virtual Private Networks, 1. Auflage, Bonn, 2001.

[Carlto02]   Carlton, D.: IPSec. Tunneling im Internet, 1. Auflage, Bonn, 2002.

[Dittma00]   Dittmann, J.: Multimedia security – Folienskript zur Vorlesung Multimedia security, TU-Darmstadt, SS 2000.

[FiReRö00]   Fischer, S., Rensing, C. und Rödig, U.: Open Internet Security - von den Grundlagen zu den Anwendungen, Berlin u. a., 2000.

[HäPeSt00]   Häckelmann, H., Petzold, H. und Strahringer, S: Kommunikationssysteme - Technik und Anwendungen, Berlin, 2000.

[IETF02]   IETF: Internet Engineering Task Force – IP Security Protocol (ipsec), http://www.ietf.org/html.charters/ipsec-charter.html , **Stand** 05.02.02, Abruf am 19.02.2002.

[Lipp01]   Lipp, M.: VPN – Virtuelle private Netzwerke, Aufbau und Sicherheit, 1. Auflage, München, 2001.

[Merz99]   Merz, M.: Electronic Commerce – Marktmodelle, Anwendungen und Technologien, Heidelberg, 1999.

[NoNo01]   Northcutt, S., Novak, J.: IDS: Intrusion Detection Systeme, Bonn, 2001.

[PeDa00]   Peterson, L und Davie, B.: Computernetze – Ein modernes Lehrbuch, Heidelberg, 2000.

[Pohlma01]   Pohlmann, N.: Firewall-Systeme, 4. aktualisierte und erweiterte Auflage, Bonn, 2001.

[Smith98]   Smith, R.: Internet-Kryptographie, München, 1998.

[Stalli00]   Stallings, W.: Sicherheit im Internet – Anwendungen und Standards, 1. Auflage, München, 2000.

[Tanenb98]   Tanenbaum, A.: Computernetzwerke, 3. revidierte Auflage, München, 1998.